AF240174

ÉLOGE

DE

M. DE PUYBUSQUE

Par M. DU GABÉ.

TOULOUSE

TYPOGRAPHIE DE RIVES & FAGET

9, RUE TRIPIÈRE, 9.

1865

ÉLOGE

DE

M. DE PUYBUSQUE

Par ses usages, comme par les sentiments qui l'animent, l'Académie demeure toujours attachée à ceux qu'elle a admis dans ses rangs. Si le hasard des affaires, si les nécessités de la vie les éloignent de nos entretiens littéraires, de nos réunions si pleines d'intérêt et de charme, elle les suit affectueusement vers leur destinée; les communications qui les associent à nos travaux sont reçues comme le souvenir d'un ami absent, et quand vient l'heure de cette séparation suprême, qui ne permet plus d'espérer, une pieuse tradition nous commande de faire revivre l'homme en vous entretenant publiquement des justes regrets que sa mort nous inspire; en rappelant les actes de sa vie, ses succès, ses déceptions; en mettant en lumière l'élévation de son esprit, la noblesse de son cœur. Par une singularité de notre nature, que nous subissons sans essayer de l'expliquer, nous cherchons des consolations dans tout ce qui doit nous faire sentir plus vivement la grandeur de la perte que nous avons faite.

C'est pour accomplir ce triste et douloureux devoir que je viens vous entretenir de la vie de notre regretté confrère, M. Adolphe de Puybusque. Ceux qui l'ont vu, qui ont pu l'apprécier, sont en petit nombre dans cette enceinte ; il suffira de le faire connaître, par ses actes, à la génération actuelle, pour le louer comme il le mérite.

En me confiant le soin d'esquisser cette vie si noblement occupée, vous avez pensé que, témoin pendant dix années des travaux de M. de Puybusque, associé quelquefois à ses luttes, je devais connaître avec plus de détail des événements déjà si loin de nous. Vous auriez trouvé sans effort une plume plus exercée, un panégyriste plus digne du sujet, vous auriez vainement essayé de rencontrer un admirateur plus sincère, un ami plus dévoué à cette chère mémoire.

L'Académie me pardonnera de ne pas oublier que, par une heureuse complicité du sort, M. de Puybusque dût me présenter à ses suffrages et me recevoir en son nom ; que son amitié, plus ingénieuse que véridique, créa pour moi des titres que j'aurais été impuissant à produire. Je joindrai ainsi à un acte de justice, l'expression de ma reconnaissance que vous semblez vous appliquer à rendre chaque jour plus profonde et plus vive.

Né à Paris le 7 mars 1800, Louis-Adolphe de Puybusque appartenait à une famille originaire du Languedoc. Éloignée depuis longtemps déjà de cette province, elle continuait de lui appartenir par des liens et par des traditions dont nous retrouverons la trace. Administrateur distingué, son père a vu son nom inscrit parmi les plus honorables de ceux qui ont assisté à la triste et mémorable retraite de Russie ; il a écrit sur cet événement des lettres qui furent remarquées. Bretonne et fille d'un marin, sa mère avait dans la tête et dans le cœur tout ce qu'on a le droit d'attendre d'une femme née sur cette terre, du dévouement, du courage, de la fidélité. De l'union de ces deux natures d'élite, quatre fils naquirent, et chacun d'eux tint à honneur de se montrer digne de son origine.

Lieutenant-colonel de cavalerie à 38 ans, l'aîné fut emporté par le choléra en 1832 ; quelques années plus tard, le second mourut au même âge (il était inspecteur des finances) ; le troisième, qui a survécu même à notre confrère, a pris sa retraite avec le grade de général de brigade et de nombreuses décorations, dont la dernière fut conquise sur les ruines de Sébastopol. Avec de tels modèles et dans un tel milieu, on devine sans peine l'ardeur au travail qui s'empara du jeune Adolphe de Puybusque. Élève du Collége Henri IV, il marchait toujours à la tête de ses camarades qui reconnaissaient sans envie son incontestable supériorité. Il terminait sa rhétorique, lorsque l'auteur illustre de la *Législation universelle*, homme de lettres à la fois et homme d'État, offrit un prix unique et exceptionnel à l'élève qui serait estimé le meilleur au jugement de ses maîtres et de ses camarades. Cette couronne, justement enviée, fut placée d'une voix unanime sur le front d'Adolphe de Puybusque. Heureux présage que de nombreux succès devaient justifier !

Dégagé des liens de l'école, Adolphe de Puybusque, que des études fortes, habilement dirigées, avaient initié à la connaissance des grands modèles, sentit le besoin irrésistible d'étendre, en les complétant, ses connaissances acquises. Esprit pratique, dirigé par l'éclat des controverses dont la trace et le bruit étaient alors partout, il se jetta résolument dans l'étude des questions qui divisaient les littérateurs, les philosophes, les hommes politiques. Éclairé, contenu par son éducation première, par les principes que sa famille avaient gravés dans son cœur, il échappait à toutes les exagérations, et presqu'un enfant encore, il se sentait entraîné vers les hommes qui s'occupaient sérieusement d'éclairer la jeunesse, en l'initiant aux grands problèmes qui agitaient la société.

Dans l'intérêt même de l'avenir, cette maturité précoce

ne devait point gêner l'essor d'une jeune et brillante imagination ; dès son jeune âge, Adolphe de Puybusque s'était montré passionné pour les lettres ; il les cultivait avec amour. Pour résister à des entraînements redoutables qui l'eussent détourné de sa voie, il aimait à redire les préceptes du grand orateur de l'antiquité, et il ne leur demandait que des consolations dans les souffrances, le charme d'un repos agréablement occupé après de plus graves travaux.

L'Académie de Cambrai couronnait, en 1825, son *Léonard de Vinci* à l'heure même où notre compagnie encourageait son premier essai devant elle, et entendait la parole si justement autorisée de son secrétaire perpétuel lui prédire de prochains succès. Il les obtint en effet ; trois fois il reçut vos plus belles couronnes et il marquait ainsi sa place au milieu de vous. Il ne se laissa point enivrer par de tels résultats, bien propres à exalter sa jeune imagination. Il avait abordé avec une sorte de passion l'étude approfondie des grandes questions de l'administration publique. Initié par son frère aux éléments de notre mécanisme financier dans ses rapports avec l'État, il eut le rare bonheur de suivre de près les travaux de l'homme éminent qui dirigeait alors les finances de notre pays ; c'est le privilége du génie de devancer son temps ; les plans financiers de M. de Villèle, critiqués avec amertume par les hommes les plus compétents, furent rejetés aux acclamations de la foule : et cependant, il faut bien le reconnaître, les grandes combinaisons financières que nous voyons éclore depuis vingt-cinq ans, ne sont que la reproduction des mesures proposées par lui ; ses adversaires les plus ardents lui rendent aujourd'hui une justice tardive ; son buste est parmi ceux des grands ministres dans la galerie des finances, et son nom restera sans contestation le patrimoine glorieux de notre ville, et cependant on le cherche vainement autour de nous ?

C'est vers le ministère de l'intérieur que sa vocation

dirigeait Adolphe de Puybusque. L'administration dépar-
tementale avait ses préférences, et son ambition était de
compléter son stage dans le cabinet du ministre. Il y fut
admis, quelque difficile qu'en fût l'accès, et ce fut une
preuve nouvelle des faveurs que la fortune se plaisait à
prodiguer à notre jeune attaché. Son ardeur au travail
s'accrut par le goût particulier qui le portait vers ce
genre d'études ; il se fit bientôt remarquer et on l'envoya, comme secrétaire particulier, successivement aux
préfets de l'Aude et de la Seine-Inférieure. Il occupait
ces dernières fonctions lorsque M. de Martignac le nomma
secrétaire-général de la préfecture des Basses-Alpes, et
quelques mois plus tard sous-préfet à Cherbourg. Le
nom du ministre dont il fixa les regards, l'importance
du poste qui lui fut confié, disent assez combien l'administration supérieure le tenait en grande estime. Elle lui
était justement acquise : tout entier à ses devoirs, rien
ne le détournait des travaux que lui imposaient ses fonctions. Cependant, il trouvait le moyen de consacrer à
d'autres occupations les heures de liberté dont il lui
était permis de disposer. Il négligeait la poésie, mais il
recherchait avec ardeur tout ce qui pouvait être utile à
l'administration qu'il servait. Il publia, dans ce temps,
les lois municipales annotées et le dictionnaire muni-
cipal. Ces deux ouvrages ont eu plusieurs éditions, ap-
prouvés avec éloges par le ministre et par les préfets,
ils sont demeurés classiques et ils assurent à leur auteur
un rang distingué parmi les jeunes administrateurs de
ce temps.

C'est au milieu de cette vie si active et si féconde que
le surprit la révolution du mois de juillet 1830. Sa carrière brisée, son avenir compromis furent ses moindres
préoccupations : il regardait plus haut et plus loin. Il se
prit à gémir sur l'infortune si peu méritée des princes
qu'il aimait et il fut effrayé des destinées de la France.
Vainement le nouveau ministre de l'intérieur, dont le
coup d'œil était si sûr, fit-il appel à son patriotisme.

Adolphe de Puybusque demanda à une retraite honorable le temps de se recueillir, de méditer sur les événements et de prendre un parti

Il ne pouvait hésiter longtemps : servir le pouvoir nouveau, il n'en eut pas un moment la pensée ; il ne songeait qu'au moyen de consacrer utilement au bien de notre pays tout ce qu'il avait recueilli dans la vie laborieuse que l'étude lui avait faite.

Ceux qui méconnaissaient huit siècles d'honneur, de prospérité et de gloire, que le développement de nos libertés pendant quinze années n'avaient pu satisfaire, venaient d'accomplir une révolution à l'aide des plus brillantes promesses. Rien ne manquait au programme... que l'exécution.

La réclamer avec énergie, c'était servir le pays en demeurant dans la légalité, mais c'était aussi se dévouer aux agitations d'une lutte passionnée, échanger la vie calme de l'étude pour la vie militante ; l'administrateur devait céder la place au soldat ! Une telle perspective convenait au tempérament d'Adolphe de Puybusque ; il sentait en lui la volonté qui entreprend, l'énergie qui soutient, la conviction qui ne laisse pas regarder en arrière ; et, sans forfanterie, il se croyait à la hauteur de la mission qu'il voulait remplir. Il résolut donc de se mettre une fois encore au service de la France et de se jeter dans la mêlée.

J'hésite à me demander, Messieurs, s'il nous appartient de juger sainement aujourd'hui une telle conduite et de la louer comme il le faudrait. Au temps dont nous parlons, personne ne songeait aux douceurs d'une politique expectante. Il faut le dire, au grand honneur de cette époque, chacun demeurait dans son camp, proclamant les principes qui le guidaient, le front haut, la parole ferme. On dédaignait les mystères stériles de ces divinités qui cachent leur impuissance dans les profondeurs du temple. Grâces au ciel, on ne connaissait pas encore l'action puissante des nécessités égoïstes et des intérêts matériels ; la vie politique était partout. On offrait à Adolphe de Puybusque la rédaction de la *Gazette du Languedoc* : il l'accepta.

C'est au moment d'affronter ces luttes ardentes, que, désirant prouver qu'il demeurait fidèle à son amour pour les lettres, il sollicita, ses couronnes à la main, l'honneur de siéger dans vos rangs. Ils lui furent ouverts.

L'Académie s'est toujours montrée heureuse d'appeler dans son sein les athlètes vainqueurs dans ses jeux ; elle conquiert ainsi des talents éprouvés, et leur présence est une nouvelle garantie de la justice de ses décisions.

Tout entier à la pensée qui absorbait désormais sa vie, il vous entretint, en venant prendre sa place, de *l'indépendance de l'écrivain*. Ce sujet si vaste, si beau, il le revêtit de toute l'élégance de son style, il l'anima de tout le feu de son âme. « J'aime l'indépendance, disait-il, « je l'aime comme le génie aime la gloire, comme le « guerrier aime le bruit des combats... »

A ces accents pleins d'émotion, à cette parole dite avec tant de fermeté, il était aisé de reconnaître que celui qui écrivait et parlait ainsi laissait échapper le cri de sa conscience et de son cœur et qu'il se montrerait digne de sa nouvelle position.

Ce n'est pas sans émotion qu'Adolphe de Puybusque se retrouvait dans ces lieux, berceau de sa famille, témoins de ses premiers triomphes littéraires. Il ne se dissimulait aucune des difficultés qu'il devait rencontrer sur son chemin, mais il savait qu'en descendant dans l'arène, il rencontrerait des figures amies et des mains cordiales pour étreindre les siennes.

En réclamant au nom du pays l'exécution de la parole donnée, le rédacteur de la *Gazette* affectait d'oublier qu'on renverse le pouvoir pour s'en saisir, non pour le rendre meilleur ; que le peuple, excité dans ses passions par des moyens qu'on ne prend pas la peine de rajeunir, prodigue ses efforts et son sang et qu'il aboutit à changer de maître, gardant la seule liberté de regretter celui qu'il a perdu. Mais enfin, en acceptant la promesse comme parfaitement loyale, il avait le droit d'en rappeler les termes et la portée pour obtenir sa réalisation. Ce fut le point de départ d'une lutte dans laquelle l'harmonie du style, l'énergie de la pensée, le disputaient à la connaissance profonde du sujet. C'est ainsi que tour à tour, Adolphe de Puybusque eut à parler de la presse et de la liberté qui lui était promise, de l'organisation du département et de la commune, de la décentralisation administrative, de la liberté individuelle, de l'indépendance de l'Église, qui ne soupçonnait pas alors les épreuves qui l'attendaient ; du droit de se réunir et de tant d'autres questions qu'il n'est pas utile d'énumérer. Nul ne contesta le talent du publiciste et le courage de l'écrivain. Mais il apparut bientôt que les thèses excellentes pour déraciner le pouvoir sont d'une difficile application quand on souhaite le consolider, et la *Gazette* se vit assaillie par une série de procès dont je n'oserais indiquer le nombre, et qu'heureusement, pour elle, la justice du jury sut réduire à leur juste valeur.

C'est à ce moment, toujours critique pour un journal, que je devins comme le collaborateur d'Adolphe de Puybusque. Je pus apprécier alors l'étendue de ses connaissances, et je vis que son caractère était réellement trempé pour la lutte. Dans les causeries intimes qui me préparaient à expliquer ou à défendre sa pensée à la barre, il ouvrait devant moi des horizons nouveaux sur les questions politiques dans leur rapport avec l'administration du pays ; il rendait sensibles les principes les plus abstraits avec une pureté de diction et une force de logique qui saisissait. Je suis heureux de le dire, je puisai sans discrétion dans les trésors qu'il avait amassés, et il me fit connaître des choses et un langage qui m'étaient étrangers.

Soyez indulgents, Messieurs, pour ce retour vers un passé déjà si loin de nous ; je le rappelle sans amertume pour les autres, sans affectation pour ce qui me touche :

tous les incidents de ces années si pleines de luttes émouvantes se pressent devant moi ; je me souviens, et, par-
donnez-moi de le dire, je me souviens avec bonheur ; je
ne sais pas ne pas répéter qu'elles furent les plus belles
de ma vie, et qu'Adolphe de Puybusque en gardait le
plus touchant souvenir.

L'attentat de Fieschi valut aux journaux un redouble-
ment de rigueurs et une position exceptionnelle ; dès le
moment où on hésitait à fouiller dans le cœur de la
société pour en extraire le mal qui la rongeait et mena-
çait son existence, il fallait une victime, et la presse fut
choisie. Tout ce qu'a écrit Adolphe de Puybusque contre
cette législation, est empreint de la plus énergique ré-
probation, mais aussi du plus profond découragement ; il
était facile de prévoir qu'il renoncerait bientôt à une lutte
sans résultat possible et sans dignité. Soyons justes cependant, il y avait quelque exagération dans l'effroi que
causaient les lois de septembre. Vues à distance, jugées
par comparaison, on se prend à croire qu'elles ne méri-
taient point tout le mal qu'on en a dit, et qu'il était possible de trouver mieux pour imposer silence à la presse.

Le passage de M. de Puybusque à la *Gazette* ne fut
pas remarqué seulement par les lecteurs habituels du
journal ; il attira l'attention des hommes politiques habi-
tués à rechercher les écrivains sur lesquels ils pouvaient
compter quand il fallait autant de courage que de talent.
On fondait à Paris une Revue qui devait porter le titre
de *France et Europe* ; il s'agissait de développer et de
soutenir les grands principes sur lesquels repose la sta-
bilité des États, de cimenter l'alliance du pouvoir et de
la liberté. Cette pensée féconde, Berryer l'avait conçue ;
il voulait en surveiller, en diriger l'exécution, et c'est
Adolphe de Puybusque qu'il appela pour écrire sous son
inspiration. Être jugé digne de parler, sous un tel maître, de la fidélité aux vérités éternelles, de ce qui doit
assurer le bonheur, la gloire, la prospérité de la France ;
être distingué et choisi par l'homme qui commande à la

fois le respect et l'admiration, dont l'esprit et le cœur résument l'idéal du grand et du beau, quel hommage au caractère et au talent de notre regretté confrère, et que puis-je dire encore?

Malheureusement l'œuvre si sagement préparée dut s'arrêter devant les impossibilités matérielles créées par la législation nouvelle. Alors, comme dans d'autres temps, on cherchait à se persuader que l'idée, la pensée, l'opinion cessaient d'exister parce qu'on leur interdisait de se produire. On affectait de ne pas voir qu'en comprimant les forces vives du pays, on les exposait à chercher une fissure ou à faire explosion ; les événements se sont chargés de prouver qu'il est des principes contre lesquels la violence ne saurait prévaloir, et qu'à l'heure fixée, ils reprennent leur marche et l'exercice de leur puissance.

Pour les esprits de la trempe de celui de M. de Puybusque, l'inaction c'était la mort. La politique lui était interdite, il retourna à la littérature et à ses chères études d'un autre temps.

L'Académie française venait de mettre au concours, pour la seconde fois, la question : *De l'influence de la littérature espagnole sur la littérature française au dix-septième siècle.*

Peu d'hommes étaient capables de répondre au programme de l'Académie, et de traiter dans son ensemble et dans ses détails la question proposée. Il fallait pénétrer dans le cœur de l'Espagne, remonter aux premiers âges de sa littérature, fouiller dans les archives de ses Universités, dont la plus ancienne, celle de Salamanque, rivalisait déjà, avant le quinzième siècle, avec les établissements analogues qui existaient en France, en Angleterre, en Allemagne, en Italie, etc. Une multitude de collèges s'étaient groupés dans tous les pays autour des Universités ; ces établissements, agissant dans leur entière liberté, furent autant de foyers où s'allumèrent, comme des flambeaux, les génies dont la lumière pénétra les ténèbres du Moyen-Age.

Suivre, dans ces centres divers, le développement, les progrès de la littérature espagnole, signaler son action sur celle de notre pays était une œuvre pleine de difficultés, demandant des études longues et laborieuses. Adolphe de Puybusque l'aborda résoluement et l'accomplit avec un rare bonheur. Son travail eut un immense succès et obtint les suffrages de l'Académie. Il était facile de voir que ce travail, réduit aux proportions d'un discours académique, renfermait les éléments d'un grand ouvrage. Notre confrère céda aux sollicitations de ceux qui le réclamaient et, en 1844, parurent deux volumes portant le titre d'*Histoire comparée des littératures française et espagnole*. C'est un vrai traité sur la matière, enrichi de notes savantes qui font autorité.

Ces occupations, qui eussent suffi à remplir la vie de l'homme le plus actif, ne faisaient pas obstacle à la production de quelques pièces légères qui reposaient son esprit ; elles faisaient cortége à des travaux plus sérieux, et elles ne les déparaient point. L'Académie de Bordeaux, appréciant à sa valeur, cet esprit si souple et si fécond, lui ouvrait ses rangs en 1845.

Mais déjà, en 1838, M. de Puybusque avait épousé miss Taylor, fille d'un colonel anglais qui avait été chef d'état-major au Canada. Ce mariage le conduisit en Angleterre ; il visita l'Écosse et l'Irlande, recueillant partout sur son passage des notes pleines d'intérêt et des documents précieux. L'Irlande et ses infortunes l'avaient profondément ému ; pour ne pas obéir à des impressions fugitives et échapper au reproche d'une opinion préconçue, il fit une étude spéciale sur ce pauvre pays. Malheureusement le travail est demeuré à l'état de manuscrit ; je n'ose affirmer qu'il sera livré aux appréciations du public.

Des intérêts de la plus haute importance l'appelèrent au Canada et l'y retinrent plusieurs années.

Il aborda avec une douloureuse émotion cette terre conquise par l'initiative courageuse de nos missionnaires. Il y a un siècle que la convoitise insatiable de l'Angleterre est parvenue à la saisir, et cependant le souvenir de la France est demeuré dans tous les cœurs. Adolphe de Puybusque y retrouvait encore la trace des parents de sa mère ; son aïeul avait péri glorieusement en défendant Québec contre les Anglais. Ces souvenirs, ces émotions qu'il rencontrait à tous les pas, resteront enfouis dans le grand ouvrage qu'il préparait sur le Canada et qui est demeuré à l'état d'une ébauche, ce que nous devons regretter. Les faits recueillis par un tel observateur auraient éclairé d'une vive lumière l'histoire de ces contrées lointaines depuis leur occupation ; nous aurions vu en présence les deux grandes nations qui se sont rencontrées dans ce pays, et il eût été possible d'apprécier comment chacune d'elles comprend les devoirs d'un peuple civilisateur.

Il ne reste de cette grande excursion que quelques pièces de vers empreintes de la couleur locale, et des fragments d'une course dans ces provinces pendant l'hiver. Chacun de nous les a lus ; nous y avons remarqué la simplicité pleine de grâces, la gaieté toute française qui excitent la curiosité, dissimulent les périls d'un tel voyage et des incidents terribles qui le signalèrent, et attestent l'incontestable supériorité d'esprit et la force d'âme du narrateur.

Avec ses habitudes de travail et d'application, avec l'intelligence et la persévérance qu'il mettait en toute chose, il n'était pas possible qu'Adolphe de Puybusque demeurât inconnu dans le pays qu'il visitait ; il fixa l'attention des hommes cultivant les lettres et les arts, et, dès 1846, il fut élu membre de l'Institut canadien siégeant à Montréal.

C'est en 1850 qu'il rentra en France ; malheureusement il remit à d'autres temps le soin de mettre en ordre tous les documents rapportés de ses voyages. Il ne put résister au vif désir de continuer ses travaux sur la littérature espagnole, afin de doter la France de la connaissance exacte de l'un de ses plus anciens et de ses plus curieux monuments.

Sous le titre et le nom du *comte Lucanor*, Don Juan Manuel, oncle du roi et co-régent d'Espagne au quatorzième siècle, écrivit un recueil d'apologues destinés à orner l'esprit et à former le jugement du jeune prince dont il était le tuteur. Ils ont pour la plupart une portée politique qui décèle l'état d'anarchie et de despotisme sous lequel gémissait l'Espagne dans ces temps malheureux. Lus de nos jours, éclairés par les faits, par les ouvrages plus récents, ils aident à pénétrer dans le caractère, dans les mœurs d'un peuple qui semble affecter de se tenir à l'écart, de résister aux innovations et au progrès, comme s'il se réservait pour des destinées dont l'heure n'est pas venue.

L'œuvre de Don Juan Manuel était demeurée manuscrite, jetée par fragments dans des bibliothèques diverses; un manuscrit complet n'existait nulle part. M. de Puybusque dut s'adresser aux lettrés, aux collectionneurs, aux bibliophiles les plus éminents ; il fouilla les Académies de Madrid, de Cordoue, de Séville, d'autres encore ; grâce au concours bienveillant de ceux qui pouvaient lui venir en aide, il fut assez heureux pour réunir les fragments de l'œuvre primitive et pour grouper les éléments nécessaires à l'appréciation de *Don Juan Manuel*, comme auteur et comme personnage politique.

La traduction et l'étude des apologues connus sous le nom du *comte Lucanor*, l'examen des beautés qu'ils renferment et des moralités qui doivent en ressortir, était une œuvre longue, patiente, difficile ; elle donna naissance, tout naturellement, à une plus difficile et plus savante encore : la recherche de l'origine des apologues les plus répandus en Europe, par exemple la fable de *Maître corbeau*, l'une des premières du recueil du *comte Lucanor*. Elle a été écrite deux cents ans avant La Fontaine, par un auteur qu'il n'a pas connu et qui l'a prise lui-même, tout l'indique, dans des contes venus d'Orient en Espagne. Notre charmant fabuliste a-t-il trouvé son apologue chez un de ses devanciers? Observateur profond, moraliste plein de finesse, a-t-il saisi la nature sur le fait? ce n'est pas le cas de le rechercher ; maître corbeau et son orgueilleuse sottise sont vieux dans le monde, et les renards furent de tous les temps.

C'est en 1854 que M. de Puybusque publia sa traduction du *comte Lucanor* ; il divisa l'ouvrage en trois parties :

1° Histoire de la vie et des écrits de Don Juan Manuel ;

2° Recherches sur l'origine des apologues ou contes, et leur passage de l'Orient en Occident ;

3° Traduction des apologues du comte Lucanor, nom sous lequel Don Juan Manuel les avait publiés.

Ce travail atteste une profonde connaissance de la langue espagnole, et les persévérantes investigations de l'écrivain qui ne veut rien dire qui ne soit l'expression consciencieuse du résultat de ses recherches et de l'opinion qu'il s'était formée.

Ce livre, trop érudit peut-être, est peu connu en France. Il eut en Espagne un grand, un légitime succès ; il fut bientôt dans les mains de tout le monde ; la presse ne lui prodigua que des éloges. Les Académies espagnoles s'empressèrent d'appeler à elles M. de Puybusque, et la reine lui envoya le cordon de commandeur de l'ordre de Charles III.

L'importance de ces travaux dont je n'ai pas voulu rompre l'ordre chronologique, ne détournait point M. de Puybusque de ses délassements préférés. Administrateur, voyageur, historien et traducteur, il laissait à la poésie ses heures, et partout ses œuvres obtenaient le plus grand succès. Ni le positif des affaires, ni l'aridité des chiffres, ni les recherches patientes, n'avaient pu ternir le coloris de son imagination. Poète ou prosateur, il réussissait dans tous les genres ; pour bien faire, il n'avait qu'à le vouloir.

A peine assis au milieu de vous, on lui demande de faire l'éloge de Clémence-Isaure ; oubliant des occupations pour lesquelles les heures étaient insuffisantes et qui devaient dépasser les forces de l'athlète le plus déterminé, il ne recula point devant cette tâche tout-à-fait imprévue. Dédaignant les sentiers suivis jusque-là, il ne demanda des inspirations ni à l'ode, ni au dithyrambe, ni à l'élégie, ni aux hymnes : il présenta l'éloge sous la forme gracieuse de la légende. Le sire de La Landelle, seigneur de haut lignage, plus riche en aïeux qu'en fiefs et châtellenies, fournit le sujet de cette charmante composition ; malgré son grand courage et sa persévérance, que rien ne rebute, il échoue dans toutes ses entreprises, jusqu'au jour où le regard de Clémence-Isaure le transforme et lui rend la fortune favorable. Ce travail fut très goûté, et il le méritait autant par l'originalité de la conception que par le style emprunté avec une grande fidélité d'expression au temps de la chevalerie. Notre confrère avait donné à son héros le nom de l'un des anciens fiefs appartenant à ses aïeux. Les armes dont il couvre son écusson et qu'il décrit avec une véritable science héraldique, ce sont celles de sa famille.

Nos recueils attestent avec quelle fidélité scrupuleuse il remplissait ses devoirs académiques. Eloigné de nous, absorbé par des travaux dont vous connaissez l'importance et l'étendue, il n'oubliait point l'Académie, et son tribut annuel ne nous fit jamais défaut.

Depuis longtemps, nous le savions, il désirait venir à Toulouse, et retrouver ces lieux qui lui rappelaient des temps si pleins d'intérêt et d'émotion. Les soins qu'exigeait sa santé le conduisirent vers les Pyrénées à la fin de l'été de 1860 ; il profita de cette circonstance pour assister à une de nos séances. Chacun se rappelait encore les dernières pièces envoyées par lui : *là Fileuse, une Nouvelle année, les Amis, le Roi Jean et son favori, les*

Etoiles. En le voyant, nous nous surprîmes à croire que ce n'était point là l'auteur de tant de charmantes productions si récemment communiquées. Le temps l'avait cruellement frappé ; nous cherchions vainement son intelligence si prompte et si vive qui se réflétait dans son attitude comme dans sa parole. Hâtons-nous de le dire, ce n'était là qu'une apparence trompeuse, nous le retrouvâmes bientôt tel que nous l'avions connu. Il nous apportait les *Dernières heures de Charles-Quint,* œuvre de longue haleine, magistralement traitée. L'exposé explicatif du plan et de la pensée, la lecture faite avec un art qui n'appartenait qu'à lui, nous rendirent bientôt tout ce que nous croyions perdu sans retour.

Charles-Quint a-t-il fait célébrer ses obsèques de son vivant ? A-t-il assisté à la cérémonie en habits de deuil ? La tradition populaire l'atteste : la preuve historique est énergiquement contestée. M. de Puybusque n'avait point à vider la querelle ; il s'est mis du côté de la tradition et il nous a donné l'un de ses meilleurs ouvrages.

Après l'avoir entendu, il était permis de penser que le voyage aux Pyrénées n'était qu'une excursion de touriste, non la recherche d'une station thermale. La tendre sollicitude de Mme de Puybusque, qui l'entourait de tant de soins, n'avait pas de grandes alarmes ; elle n'acceptait point non plus toutes nos espérances.

Mais, par un de ces coups que la Providence ne nous épargne point et que nous affectons de ne pas comprendre, Mme de Puybusque, à peine arrivée, fut saisie par un mal dont il ne fut pas possible de conjurer les terribles effets, et qui l'emporta en quelques jours. Adolphe de Puybusque était seul, dans un pays inconnu, sans un parent, sans un ami. On signale un tel malheur : essayer d'en faire comprendre la cruelle étendue serait une profanation.

Notre malheureux confrère ne voulut confier à personne ce cercueil qui renfermait ses plus douces, ses plus chères consolations et les espérances de ses dernières années. Il le reconduisit à Paris, lentement, absorbé dans son immense douleur, souhaitant qu'elle ne fût pas troublée. C'est qu'il ne perdait pas seulement la compagne de sa vie ; Mme de Puybusque était une nature d'élite, aimant, cultivant les arts, répandant dans son intérieur le charme de la plus tendre affection et des plus nobles aspirations. A l'âge d'Adolphe de Puybusque, avec une santé déjà ébranlée, un tel malheur, c'était la mort, lente peut-être, mais certaine. Il le comprenait si bien qu'il écrivit ses dispositions dernières, et il se prépara à rejoindre celle qui semblait destinée à lui survivre.

Je m'arrête, Messieurs ; je ne veux pas vous affliger par le tableau douloureux des derniers jours de cette vie si radieuse dans son parcours, si triste à son heure suprême. La déchéance progressive des plus nobles facultés ne doit être qu'un sujet de méditation pour humilier l'orgueil de l'homme sous la main puissante de Dieu.

M. de Puybusque mourut, en chrétien, le 31 mai 1862, laissant des ouvrages, témoins nombreux de sa haute intelligence, de la rare sagacité de son esprit, de sa courageuse persévérance dans le travail.

En vous appelant à remplacer un tel homme, Monsieur, l'Académie se montre soigneuse de ses intérêts et de sa renommée ; vous nous rendrez les nobles qualités de son esprit et de son cœur ; son amour infatigable du travail. Comme lui, vous avez médité dans d'immenses solitudes, et vous vous êtes recueilli dans les magnificences de toutes les mers ; vous nous direz les émouvantes péripéties de ces heures où le péril est partout, et où le calme et le courage ne vous firent jamais défaut. Nous écouterons avec intérêt les observations que vous avez recueillies en fouillant toutes les parties du globe ; vous nous verrez heureux et fiers de vous entendre nous initier à l'histoire de toutes les richesses demandées à tant de peuples divers, et dont vous avez généreusement doté notre ville. Nous nous assimilerons ainsi vos vastes connaissances, et nous prendrons notre part de la gloire d'une carrière si laborieusement remplie. Venez, Monsieur, jouir, au milieu de nous, d'un repos mérité ; vous y trouverez, soyez-en sûr, la plus cordiale estime, la plus affectueuse confraternité.